Rainer Maria Rilke

Las mejores poesías
de los mejores poetas

Diseño, maquetación e impresión:
Gráficas MAXTOR
Fray Luis de León, 20
47002 Valladolid
Tel.: 983 090 110
pedidos@maxtor.es
www.maxtor.es

I.S.B.N. : 978-84-1171-073-2

Depósito Legal : DL VA 316-2024

Rainer Maria Rilke

René Karl Wilhelm Johann Josef Maria Rilke nació en Praga, en la calle entonces llamada en alemán Heinrichsgasse/Calle Enrique 19 (la casa ha desaparecido), el 4 de diciembre de 1875. Su infancia y adolescencia, que transcurrieron en Praga, no fueron demasiado felices. Su padre, Josef Rilke (1838-1906), tras una carrera militar poco exitosa a causa de sus problemas de salud, trabajaba como oficial ferroviario. Su madre, Sophie ("Phia") Entz (1851-1931), procedía de una familia de industriales de Praga (de origen judío, pero convertida al cristianismo para eludir el antisemitismo). El matrimonio se deshizo en 1884, ya que Sophie abandonó Praga para instalarse en la corte de Viena, tratando de hacer valer sus pretensiones nobiliarias. La relación entre la madre y su único hijo fue problemática, ya que Sophie no había podido superar la temprana muerte de su primogénita y obligó a René (en francés, "renacido") a vestirse de niña hasta que cumplió cinco años. Sophie Entz sobrevivió cinco años a su hijo.

El 11 de junio de 1919 Rilke viajó desde Múnich a Suiza. El motivo aparente del viaje fue una invitación para realizar una conferencia en Zúrich, pero la verdadera razón era el deseo de escapar al caos de la posguerra y continuar su trabajo con las Elegías de Duino. Le resultó difícil encontrar un lugar adecuado donde instalarse. Sólo en el verano de 1921 fijó su residencia permanente en el castillo de Muzot, cerca de Sierre, en Valais. En mayo de 1922 el protector de Rilke, Werner Reinhart (1884-1951), compró el edificio para evitarle a Rilke el pago del alquiler. En un período intensamente creativo, Rilke completó las Elegías de Duino en el plazo de unas semanas, en febrero de 1922. Antes y después de esa fecha trabajó en Los sonetos a Orfeo. A partir de 1923 Rilke tuvo que afrontar un serio problema de salud que necesitó una prolongada estancia en el sanatorio de Schöneck y luego en el de Val-Mont. Su viaje a París, donde residió entre enero y agosto de 1925, fue también un intento de escapar a la enfermedad, considerando que un cambio de residencia y de hábitos podría serle beneficioso.

EL LECTOR

¿Quién le conoce a éste, el que su rostro
hundió, huyendo del ser, en otro ser,
que sólo el raudo paso de las páginas
interrunpe violentamente a veces?

Ni su madre estaría muy segura
si es él el que allí lee, con su sombra
de borracho. Y nosotros, que tenemos
las horas, no sabemos cuánto huyó

de él, hasta que, esforzado, alzó la vista,
llevando encima todo lo que estaba
en el libro, con ojos que en vez de
tomar, daban, topando ya hecho el mundo;
niños tranquilos que, jugando solos,
de repente perciben lo existente;
pero sus rasgos, que estaban en orden,
se quedan para siempre desplazados.

Día de Otoño

Señor: es hora. Largo fue el verano.
Pon tu sombra en los relojes solares,
y suelta los vientos por las llanuras.

Haz que sazonen los últimos frutos;
concédeles dos días más del sur,
úrgeles a su madurez y mete
en el vino espeso el postrer dulzor.

No hará casa el que ahora no la tiene,
el que ahora está solo lo estará siempre,
velará, leerá, escribirá largas cartas,
y deambulará por las avenidas,
inquieto como el rodar de las hojas.

OFRENDA

¡Oh, cómo florece mi cuerpo, desde cada vena,
con más aroma, desde que te reconozco!
Mira, ando más esbelto y más derecho,
y tú tan sólo esperas… ¿pero quién eres tú?

Mira; yo siento cómo distancio,
cómo pierdo lo antiguo, hoja tras hoja.
Sólo tu sonrisa permanece como muchas estrellas
sobre ti, y pronto también sobre mí.

A todo aquello que a través de mi infancia
sin nombre aún refulge, como el agua,
le voy a dar tu nombre en el altar
que está encendido de tu pelo
y rodeado, leve, con tus pechos.

Por ti, para que tú un día llegaras

Por ti, para que tú un día llegaras,
¿no respiraba yo a media noche
el flujo que ascendía de las noches?

Porque esperaba, con magnificencias
casi inagotables, saciar tu rostro
cuando reposó una vez contra el mío
en infinita suposición.

Silencioso se hizo espacio en mis rasgos;
para responder a tu gran mirada
se espejaba, se ahondaba mi sangre.

¡Qué expresión fue sembrada en mi interior
para que, cuando crece tu sonrisa,
proyecte sobre ti espacio cósmico!
Pero tú no vienes, o vienes demasiado tarde.
Precipitaros, ángeles, sobre este
linar azul. ¡Segad, segad, oh ángeles!

CANCIÓN DE AMOR

¿Cómo sujetar mi alma para
que no roce la tuya?
¿Cómo debo elevarla
hasta las otras cosas, sobre ti?
Quisiera cobijarla bajo cualquier objeto perdido,
en un rincón extraño y mudo
donde tu estremecimiento no pudiese esparcirse.

Pero todo aquello que tocamos, tú y yo,
nos une, como un golpe de arco,
que una sola voz arranca de dos cuerdas.
¿En qué instrumento nos tensaron?
¿Y qué mano nos pulsa formando ese sonido?
¡Oh, dulce canto!

Canción de los ángeles

No he soltado a mi ángel mucho tiempo,
y se me ha vuelto pobre entre los brazos,
se hizo pequeño, y yo me hacía grande:
de repente yo fui la compasión;
y él, solamente un ruego tembloroso.

Le di su cielo entonces: me dejó
él lo cercano, de que él se marchaba;
a cernerse aprendió. yo aprendí vida,
y nos reconocimos lentamente…

Aunque mi ángel no tiene ya deber,
por mi día más fuerte desplazado,
baja a veces su rostro con nostalgia,
como si no quisiera ya su cielo.

Querría alzar de nuevo, de mis pobres
días, sobre las cimas de los bosques
rumorosos, mis pálidas plegarias
basta la patria de los querubines.

Allí llevó mi llanto originario
y pensamientos; y mis diminutos
dolores se volvieron allí bosques
que susurran sobre él…

Sí algún día, en las tierras de la vida,
entre el ruido de feria y de mercado,
la palidez olvido de mi infancia
florecida, y olvido el primer ángel,
su bondad, sus ropajes y sus manos
en oración, su mano bendiciendo;
conservaré en mis sueños más secretos
siempre el plegarse de esas alas,
que como un ciprés blanco
quedaban detrás de él…

Sus manos se quedaron como ciegos
pájaros que, engañados por el sol,
cuando, sobre las olas, los demás
se fueron a perennes primaveras,
han de afrontar los vientos invernales
en los tilos vacíos, sin follaje.

Había en sus mejillas la vergüenza
de las novias, que el espanto del alma
tapan con púrpuras oscuras
ante el esposo.

Y en los ojos había
resplandor del primer día:
pero sobre todo
descollaban las alas portadoras…

Había expectación en la llanura
por un huésped que no acudió jamás:
aún pregunta tal vez el jardín trémulo:
su sonrisa después se vuelve inválida.

Y por los barrizales aburridos
se empobrece en la tarde la alameda,
las manzanas se angustian en las ramas
y les hacen sufrir todos los vientos.

Es donde están las últimas cabañas
y casas nuevas que, con pecho angosto,
se asoman estrujadas, entre andamios miedosos,
quieren saber dónde empieza el campo.

Allí la primavera siempre es pálida, a medias,
el verano es febril tras esas tablas:
enferman los ciruelos y los niños,
y tan sólo el otoño allí tiene algo

de remoto y conciliador: a veces
son sus tardes de suave derretirse:
dormitan las ovejas, y el pastor con zamarra
se apoya, oscuro, en la última farola.

Alguna vez ocurre en la honda noche
que se despierta el viento, como un niño,
y pasa la alameda, solitario,
quedo, quedo, llegando hasta la aldea.

Y a tientas va marchando hasta el estanque
y se para después a oír en torno:
y las casas están pálidas todas
y las encinas mudas…

De un abril

Otra vez huele el bosque,
se ciernen las alondras, elevándose
con el cielo, que estaba pesado en nuestros hombros;
cierto es que se veía por las ramas el día
qué vacío que estaba;
pero tras de lluviosas tardes largos
vienen las horas nuevas,
soleadas de oro,
huyendo de las cuales, en fachadas lejanas,
todas las desgarradas
ventanas temerosas agitan sus batientes.
Luego se hace la calma. Hasta la lluvia
cae más queda en el brillo de la piedra, que en paz
se ensombrece. Los ruidos enteros se agazapan
en los fúlgidos brotes de las yemas.

EL ÁNGEL PROTECTOR

Tú eres el ave cuyas alas vi
al despertar llamando en plena noche,
sólo con mi braceo, pues tu nombre
es un abismo de mil noches de hondo.
Tú eras la sombra en que dormía en calma,
todo sueño levanta en mi tu germen:
tú eras imagen, pero yo soy marco
que te completa en fúlgido relieve:

¿Cómo nombrarte? Mira arder mis labios.
Tú eres principio que se vierte inmenso:
yo soy el lento y temeroso «Amén»,
que, tímido, concluye tu belleza.

Del reposo a menudo me sacaste,
cuando me era el dormir como un sepulcro,
como perderse y escapar; entonces
me alzaste de las sombras de mi pecho
queriendo alzarme encima de las torres
como pendón bermejo o colgadura.

Tú que hablas del milagro como ciencia
y de los hombres como melodías
y de las rosas, de esos resultados
que se cumplen con fuego en tu mirada;
tú, feliz, ¿cuándo nombras una vez
al que en su día séptimo y final
dejó siempre perdido su fulgor
en tu aleteo?
¿Mandas que pregunte?

ENTRADA

Quien quiera que tú seas: al atardecer sal
de tu cuarto, en el cual lo sabes todo;
ante la lejanía está tu casa
como el final: quienquiera que tú seas.
Como tus ojos que apenas, fatigados,
del consumido umbral pueden librarse,
levantas muy despacio un árbol negro
poniéndolo ante el cielo: esbelto, solo.
Y has hecho el mundo. Y es grande, y es como
una palabra que aun en silencio madura.
Y según tu querer comprende su sentido
se desasen tus ojos tiernamente…

La canción de la estatua

¿Quién es el que me quiere de tal modo
que rechaza su amada vida?
Si se ahoga en el mar alguien por mi,
de vuelta estoy entonces de la piedra
a la vida, en la vida redimida.

Tengo anhelo de sangre rumorosa.
la piedra está muy quieta.
Sueño la vida: es buena.
¿Alguien tiene el valor
mediante el cual yo voy a despertar?

Y si llego a la vida alguna vez,
la que me da todo lo más dorada

en soledad entonces lloraré,
lloraré por mi piedra. ¿Qué me sirve
mi sangre si madura como vino?
No puede desde el mar llamar al único
que es quien más me ha querido.

La enamorada

Sí, de ti tengo anhelo. Me resbalo
de la mano, perdiéndome a mí misma,
sin esperanza de disputar eso
que, como de tu lado, llega a mí
serio, sin desviar, sin relación.

…aquellos tiempos: ¡Cómo fui Una Sola Cosa,
nada que diera voces, y que me traicionara;
mi silencio. Era igual que el de una piedra
por la que arrastra el río su murmullo!

Pero dentro de mí, en estas semanas
de primavera, hay algo que se ha abierto despacio
saliendo del oscuro año inconsciente.
Algo ha entregado mi caliente vida
en la mano de alguno que no sabe
que yo existía ayer.

ESPOSA

¡Llámame amado, llámame en voz alta!
No dejes tanto tiempo en la ventana
a tu esposa. En las viejas avenidas de plátanos
ya no vela la tarde:
han quedado vacías.

Y no llegas a la nocturna casa
Con tu voz a encerrarme;
y tengo así que estar desde mis manos
a los jardines del azul de sombra
vertiéndome…

LAS MÁRTIRES

Es una mártir. Como duro golpe
con un tirón
el hacha atravesó su breve juventud,
y se puso el sutil anillo rojo
en su cuello como primer adorno
que ella con una extraña sonrisa recibió;
pero aún éste la lleva con vergüenza.
y su hermana menor, cuando ella duerme.
(que, infantil todavía, se adorna con la herida
de esa piedra que le oprime la frente)
debe echarle sus duros brazos en torno al cuello
y en sueños, a menudo, huye la otra: Más
fuerte, más fuerte. A veces se le ocurre a la niña
esconder esa frente con, la imagen
de la piedra en las pliegos del manto de la noche,
que, claro, en el aliento de su hermana se eleva,
lleno como una vela que vive de su viento.

Esa es la hora cuando son sagradas,
la muchacha callada y la pálida niña.

Y otra vez están como ante todo dolor,
duermen pobres y no tienen nada de gloria,
y sus almas son como blanca seda,
y con el misma anhelo las dos tiemblan
y sienten miedo de su heroicidad.

Y tú puedes pensar: si de las camas
con la próxima luz se levantaran,
y con los mismos rostros soñadores,
entraran las callejas en los pueblos,
no quedaría nadie iras de ellas asombrado,
en las filas de casas ni una ventana habría
ruido, y por las mujeres no iría un cuchicheo,
y de los niños no gritaría ninguno.
Irían a través del silencio en camisa
(los pliegues lisos no dan resplandor)
tan raras, pero a nadie sorprendentes,
como para la fiesta, pero sin la guirnalda.

SARCÓFAGO ROMANO

Pero, ¿qué nos impide creer (según
estamos puestos y distribuidos)
que sólo un breve tiempo esté en nosotros
el acoso, la confusión y el odio,

como antaño, en sarcófago adornado,
entre ídolos, anillos, vendas, vidrios,
en ropajes podridos lentamente
hubo un cadáver, disuelto despacio...

hasta taparle las bocas incógnitas
que no hablan nunca? ¿Dónde existe y piensa
para servirse de ellas un cerebro?

Entonces, de los viejos acueductos
Hasta él se condujo el agua eterna,
y ahora refleja y marcha y fulge allí.

LAS ROSAS

Si tu frescura a veces nos sorprende tanto
dichosa rosa,
es que en ti misma, por dentro,
pétalo contra pétalo, descansas.

Conjunto bien despierto cuyo centro
duerme, mientras se tocan, innumerables,
las ternuras de ese corazón silencioso
que suben hasta la extrema boca.

Melancolía de muchacha

Se me ocurre pensar en un jinete joven
casi como en un viejo dicho.

Que venía. En el bosque a veces viene
la gran tormenta así para ocultarte.
Que iba. Y así te deja solitaria.
La bendición de las grandes campanas
a menudo en mitad de la oración
Y entonces gritar quieres en la calma,
pera tan sólo lloras quedamente
hondo dentro de tu fresco pañuelo.

Se me ocurre pensar en un jinete joven
que va lejos, armado.

Era muy blanda y fina su sonrisa:
igual que resplandor de marfil viejo,
como nostalgia o nieve navideña
en patio oscuro, o piedra de turquesa
en que se engarzan unas claras perlas,
como claro de luna en un libro querido.

Música

¿Qué, tocas tú, muchacho? Iba por los jardines
igual que muchos pasos, que órdenes susurradas.
¿Qué tocas tú, muchacho? Mira, tu alma
se ha enredado en los tubos de la flauta.

¿Por qué la atraes? Es el son como una cárcel,
en que se desperdicia y se equivoca;
fuerte es tu vida, pero tu canción es más fuerte.
reclinada en tu anhelo sollozando.

Dale un silencio, que, callada, el alma
regrese en tu fluyente y en lo mucho,
en que vivió, creciendo, sabia y lejos,
antes que le metieras en tu suave tocar.

Cómo mueve sus alas ya más lánguida;
así disiparás su vuelo, soñador,
hasta que su ala, por el cántico hechizada.
no la lleve más sobre mis paredes,
cuando la llame yo para gozar.

Oraciones de las muchachas a María

Haz que algo nos ocurra. Mira
cómo hacia la vida temblamos.
Y queremos alzarnos como
un resplandor y una canción.

Querías ser como las otras,
que en el frescor se visten, tímidas;
tu alma quería que sus cantos
cansados de muchacha, en seda
florecieran hasta las lindes
de la vida. Pero en lo hondo
de lo enfermo tuyo, una fuerza
osó echar pámpanos: brillaron
soles, y se hundieron semillas,
y lo volviste como el vino.

Y ahora estás tú, dulce y saciada
como tarde, en nosotras todas;
y sentimos cómo caemos
y nos dejas sin brillo a todas…

Mira, son tan estrechos nuestros
días, y temeroso el cuarto.
de la noche; todas deseamos
desmañadas, la rosa roja.

Debes sernos suave, María,
florecemos desde la sangre,
tú sola puedes sabe cómo
el anhelo hace tanto daño;

tú misma has percibido este
dolor de doncella en el alma;
tiene un tacto como de nieve
navideña pero está ardiendo…

De tantas cosas, nos quedó el sentido:
precisamente de lo suave y tierno
hemos sacado un poco de saber;
como de un secreto jardín,
como de un almohadón de seda,
que se nos ha metido bajo el sueño,
o de algo, que nos quiere
con ternura desconcertante.

Sepulcro de una muchacha jóven

Lo recordamos todavía. Es como si todo esto
tuviera que ser una vez más.

Como un árbol en la costa de los limones
llevabas tus pequeños pechos leves
hacia adentro del murmullo de su sangre
de aquel dios.

Y era tan esbelto
fugitivo, el que mima a las mujeres.

Dulce y ardiente, cálido como tu pensamiento,
cubriendo con su sombra tu flanco juvenil
e inclinado como tus cejas.

Todos cuantos te buscan te tientan

Todos cuantos te buscan te tientan.
Y quienes te encuentran te atan
al gesto y a la imagen.

Yo en cambio quiero comprenderte
como te comprende la tierra;
con mi madurar
madura tu reino.

No quiero de ti vanidad alguna
que te demuestre.

Sé que el tiempo
no se llama como tú.

No hagas por mí milagros.
Da la razón a tus leyes
que de generación en generación
se tornan más visibles.

Un día tomé entre mis manos

Un día tomé entre mis manos
tu rostro. Sobre él caía la luna.
El más increíble de los objetos
sumergido bajo el llanto.
Como algo solícito, que existe en silencio,
tenía que durar casi como una cosa
y con todo nada había en la fría noche
que más infinitamente se me escapara.
Oh, porque desembocamos en estos lugares,
se apresuran hacia la pequeña superficie
todas las ondas de nuestro corazón,
voluptuosidad y desfallecimiento,
y al fin, ¿a quién ofrecemos todo esto?
Ay, al extraño, que nos ha malentendido,
ay, a aquel otro, que nunca hemos encontrado,
a aquellos siervos, que nos han maniatado,
a los vientos de primavera, que se han desvanecido,
ya la quietud, la perdedora.

La anciana

En medio de hoy amigas blancas ríen,
escuchan y hacen plan para mañana
gente tranquila, aparte, considera
despacio sus cuidados especiales,

el porqué, el cuándo, el cómo,
y se les oye que dicen: Yo creo…
pero ella, en los encales de su cofia,
está segura como si supiera

que se equivocan, éstos como todos
Y el mentón al caer,
se apoya sobre los corales
que el chal ponen a tono con su frente

Pero una vez, entre unas risas, saca
de párpados que saltan, sus miradas
en vela y muestra aquellas cosas duras,
como se sacan de un secreto estuche
unas piedras preciosas heredadas.

Equinoccio de primavera

Pasa una red de punto rápido, hecho de sombras,
sobre sendas de parque hechas de luna,
como si se moviera dentro algo capturado,
que alguien más lejos reuniera en grande.
Aroma prisionero, que queda resistiéndose.
pero de pronto es como si una onda rompiera
en dos la red en un claro lugar,
y todo fluye allí, y pugna y se escapa...
Aún se mueve en las hojas el viejo conocido,
el viento ancho, nocturno, en los árboles duros;
pero allá arriba están, fuertes y diamantinas.
en hondos y solemnes intervalos, las grandes
estrellas de una noche en primavera.

Oración por los locos y los presos

Por vosotros, de quienes
el Ser ha retirado
sin ruido su gran rostro,
uno que es quizá dice
afuera, en libertad,
de noche un lento rezo.
Que os pase el tiempo, porque
vosotros tenéis tiempo.
Cuando ahora os recuerda.
por el pelo os agarra
suave: se ha dispersado
todo, todo lo que era.
Oh, que quedéis tranquilos,
si el corazón se os seca:
que no sepan las madres
jamás que hay estas cosas.
Allá sube la luna,
donde se abren las ramas:
coma si la habitarais
vosotros, queda sola.

El observador

Mira a los árboles las tormentas
que desde los días, ya tibios,
a mis ventanas temerosas llaman.
y oigo a las lejanías decir cosas:
que no puedo aguantar sin alegría.
que no pueda amar sin hermana.

La tormenta va ahí, una trastornada,
va por el bosque y por el tiempo,
todo está como sin edad:
el paisaje. como un verso de un Salmo,
es seriedad, ímpetu, eternidad.

Qué pequeño es con lo que peleamos;
qué grande es lo que lucha con nosotros;
si, al igual que las cosas, nos dejásemos
obligar así por tan gran tormenta.
sin nombre quedaríamos, remotos.

Lo que vencemos, es lo chico,
y aún el éxito nos empequeñece.
Lo eterno y no común
no quiere ser doblado por nosotros.
Es el ángel que apareció luchando
en el Antiguo Testamento
cuando a sus adversarios les resuenan
en la lucha los tendones, metálicos,
bajo sus dedos los percibe
como cuerdas en una melodía.

Quien a tal ángel ha vencido,
que tantas veces a luchar renuncia.
ese sale derecho y bien erguido
y grande de esta mano,
que se plegaba a él, como formando.
El vencer no le invita.
Su crecimiento es: ser mayor
que el vencido, hondamente desde siempre.

SACRIFICIO

¡Oh, cómo florece mi cuerpo, desde cada vena,
con más aroma, desde que te reconozco!
Mira, ando más esbelto y más derecho,
y tú tan sólo esperas… ¿pero quién eres tú?

Mira; yo siento cómo distancio,
cómo pierdo lo antiguo, hoja tras hoja.
Sólo tu sonrisa permanece como muchas estrellas
sobre ti, y pronto también sobre mí.

A todo aquello que a través de mi infancia
sin nombre aún refulge, como el agua,
le voy a dar tu nombre en el altar
que está encendido de tu pelo
y rodeado, leve, con tus pechos.

La muerte del poeta

Cayó. Su rostro, erguido, estaba pálido,
como rehusándose en la abrupta almohada,
desde que el mundo y este conocerlo,
arrancados de sus sentidos, otra
vez cayeron al año incompasivo.

Los que vieron su vida no sabían
qué unido estaba a todas estas cosas,
porque de los barrancos y los prados
y las aguas estaba hecha su cara.

Su cara era la entera lejanía
que aún quiere entrar en él y que le ronda:
y su máscara, ahora deshaciéndose,
suave, se abre lo mismo que la pulpa
de una fruta, que al aire se corrompe.

EL UNICORNIO

El santo alzó la vista, y la oración
cayó, cabeza atrás, igual que un casco:
pues sin ruido llegaba el increíble
blanco animal, que como una robada
cierva inerme suplica con los ojos.

Las patas, marfileño pedestal,
en equilibrio leve, se movían;
blanco fulgor feliz su piel cruzaba
hasta la frente pura y clara donde,
como torre a la luna, estaba el cuerno.
Y cada paso hacía que se irguiera.

La boca, con su bozo gris y rosa,
se plegaba, y un poco de blancura
de los dientes brillaba, más que blanca;
los bellos palpitaban, entreabiertos.
Mas sus ojos, que nada limitaba,
iban poniendo en el espacio estampas
y cerraban una leyenda azul.

Infancia

Querría rumiar mucho y expresar
algo de tanto como se perdió
de aquellas largas tardes de la infancia
que nunca regresaron; ¿y por qué?
Aún nos amonesta tal vez en una lluvia.

pero ya no sabemos a qué va;
nunca volvió a llenarse la vida de tal modo
de encuentro y nuevo hallazgo y seguir adelante
como entonces, que sólo nos pasaba
lo que pasa a una cosa, a un animal:
vivíamos lo de ellos como humano,
repletos de figuras hasta el borde.

Y quedábamos solos lo mismo que un pastor
y cargados de enormes lejanías,
como llamados, como tocados desde lejos,
y lentamente, como un hilo nuevo y largo,
insertados en esas imágenes en fila
en que ahora nos confunde el persistir.

Quedándose ciega

Tomaba el té, sentada igual que todos.
Me pareció al principio que tenla
su taza de otro modo. Sonrió
una vez. Casi hacía daño. Y cuando

por fin se levantó y empezó a hablar,
despacio, y como por casualidad
yendo por muchos cuartos (entre risas
y charlas), la vi, tras los otros iba,

reservada, corno una que quizá
tendrá que cantar ante mucha gente:
en sus ojos, de claro gozo, había
luz de allá fuera, como en un estanque.

Lenta, seguía a todos con tardanza.
como si aún algo hubiera, insuperado;
pero también. como si, tras de un tránsito,
ya no fuera a andar más, sino a volar.

LA MUERTE DE LA AMADA

De la muerte, él sabía lo que todos:
que nos toma y nos lanza a lo callado.
Pero cuando ella, no arrancada de él,
sino evadida, queda, de sus ojos,

resbaló a la desconocida sombra,
y él sintió que tenían allá arriba
su juvenil sonrisa como luna
y su manera de traer el bien,

los muertos Se le hicieron conocidos
igual que si por ella les tuviera
parentesco: dejó hablar a los otros,

y no creyó, y llamó ya a aquella tierra,
la siempre dulce, la bien asentada,
palpándola a través de los pies de ella.

EL ALQUIMISTA

Con extraña sonrisa, el del laboratorio
apartó el carbón, medio calmado echando humo.
Sabía ahora aún qué le faltaba
para que apareciera allí el objeto

esclarecido: Tiempo requería,
milenios para si y esas redomas
en, que burbujeaba: astros en el cerebro
y lo menos, el mar en la conciencia.

Lo inaudito, que había él deseado,
lo soltaba a esta noche. Y se volvía
eso hacia Dios y su medida antigua;

pero él, como un borracho balbuciendo, se echaba
sobre el cofre secreto y deseaba
el trozo de oro que ya poseía.

LA PANTERA

Su mirada se ha cansado de tanto observar
esos barrotes ante sí, en desfile incesante,
que nada más podría entrar ya en ella.
Le parece que sólo hay miles de barrotes
y que detrás de ellos ningún mundo existe.

Mientras avanza dibujando una y otra vez
con sus pisadas círculos estrechos,
el movimiento de sus patas hábiles y suaves
va mostrando una rotunda danza,
en torno a un centro en el que sigue alerta
una imponente voluntad.

Sólo a veces, permite en silencio, la apertura
de los cortinajes que ocultaban sus pupilas;
y cruza una imagen hacia adentro,
se desliza a través de los tensos músculos
cae en su corazón, se desvanece y muere.

El oro

Piensa que no existiera: al fin tendría
que haberse dado a luz en las montañas,
y arrojarse a los ríos
por el deseo, por el fermentar

de su querer: por la idea coactiva
de un metal sobre todos los metales,
Le arrojaron desde sus corazones
de nuevo a Meroé

al borde la tierra, al éter; más
allá de lo notado;
y los hijos traían muchas veces
después, lo prometido de los padres,
a casa, endurecido y sublimado;

donde aumentaba un tiempo, para luego
marcharse de los que él había vuelto débiles,
sin cariño jamás.
Sólo se dice que en las noches últimas
Se yergue a contemplarlos.

LAS HERMANAS

Mira, las mismas posibilidades
de otra manera llevan y comprende,
como si viéramos tiempos diversos
atravesar por dos cuartos iguales.

Cada cual a la otra apoyar cree,
cuando descansa en ella, fatigada;
y no pueden servirse una a la otra
porque colocan sangre sobre sangre

cuando se tocan, suaves, como antes
y a lo largo de la alameda, prueban
a sentirse llevadas y a llevarse:
ay, no tienen idéntico camino.

El reloj de sol

Rara vez llega un vaho de húmeda podredumbre
desde el jardín en sombra, en que las gotas
unas a otras se oyen como caen
y donde canta un ave de paso, en la columna
se alza en el coriandro y mejorana
señalando las horas vera niegas;

sólo en cuanto la dama (a la que sigue
un criado) en la clara «florentina»
se inclina hacia su borde,
se hace sombría y como silenciosa.

o bien cuando una lluvia de verano
sube desde el ondeante movimiento
de altas coronas, tiene algún reposo;
pues no sabe expresar ese tiempo que entonces
en los trozos de frutas y de flores,
en el invernadero blanco, arde de repente.

Canción para dormir

Si alguna vez te pierdo
¿podrás dormir, sin que,
como copa de un tilo,
sobre ti yo susurre?

¿Sin que vele yo aquí
y ponga, como párpados,
palabras en tus pechos,
en tu boca, en tus miembros?

¿Sin que te cierre y deje
tan sola con lo tuyo,
como un jardín con matas
de melisa y de anís?

La pelota

Redonda, que lo tibio de unas manos
en el vuelo, allá arriba, sueltas, libre
de penas, como propio: lo que en cosas
no puede quedar, por su escaso lastre.

poca cosa y aun bastante cosa.
para en nosotros no entrar. invisible,
desde todo lo puesto afuera en fila.
esto en ti brilla, tú, entre vuelo y peso

aún indecisa: tú, que cuando sube
el impulso, como sí lo elevaras
contigo, seducido y liberado,
te inclinas, y allá abajo, a los que juegan
desde lo alto señalas otro sitio
ordenándolos como para un baile.

para luego, esperada y deseada,
rauda, sencilla, ingenua, natural,
caer en un pilón de. manos altas.

Fin de otoño en Venecia

Ya la ciudad no excita como un cebo
para pescar a todos los días que se asoman.
A más frágiles suenan los palacios
de cristal en tu vista. Y el verano

Cuelga de los jardines, como unas marionetas
volcadas, fatigadas, trastornadas.
Pero al fondo, de viejos esqueletos de bosques
se alza un querer, igual que si en sólo una noche

el general del mar hubiera de doblar
las galeras del arsenal en vela,
para embrear el próximo aire de la mañana

con una flota que surge a golpe de remo,
de pronto amaneciendo con todas sus banderas,
y hallara el viento grande, refulgiendo, fatídico.

La cama

Déjales creer que se resuelve en pena
personal lo que allí disputa uno;
nunca mejor que allí existe un teatro;
aparta el telón alto; apareció

ante el coro de noches, qué empezaron
una canción de una anchura sin fin,
esa hora en la cual ellas yacían,
y desgarra su ropa y se lamenta

en torno de las otras, por la hora
que se resiste y da vueltas al fondo;
porque con ellas no pudo calmarse.
Pero cuando ella, hacia la hora extraña

se hubo inclinado, estuvo en ella entonces
lo que antaño en su amado había hallado,
sólo que amenazante, atado, grande,
como en un animal.

Dama ante el espejo

Corno especias en vino, antes del sueño,
disuelve quedamente en el fluyente
espejo su presencia fatigada,
y recoge del todo su sonrisa.

Y aguarda a que las aguas fugitivas
suban con eso: vierte su cabello
en el espejo luego, y los hermosos
hombros sacando del traje de noche,

bebe en silencio de su imagen. Bebe
lo que un amante bebería en éxtasis,
desconfiada, en prueba, y sólo asiente

a la doncella, cuando en. lo profundo
del espejo halla lámparas, armarios
y lo turbio de una hora tardía.

El reloj de sol

Rara vez llega un vaho de húmeda podredumbre
desde el jardín en sombra, en que las gotas
unas a otras se oyen como caen
y donde canta un ave de paso, en la columna
se alza en el coriandro y mejorana
señalando las horas vera niegas;

sólo en cuanto la dama (a la que sigue
un criado) en la clara «florentina»
se inclina hacia su borde,
se hace sombría y como silenciosa.

O bien cuando una lluvia de verano
sube desde el ondeante movimiento
de altas coronas, tiene algún reposo;
pues no sabe expresar ese tiempo que entonces
en los trozos de frutas y de flores,
en el invernadero blanco, arde de repente.

Niño

Sin querer le contemplan en su juego
despacio: mientras el redondo rostro
verdadero se sale del perfil
claro y entero igual que una hora entera
que ha comenzado y toca ya a su fin.
Pero los otros no cuentan los golpes,
turbios de pena, de vida indolentes,
y no observan cómo él lo lleva todo

cómo sigue llevándolo también
cuando cansado, con su trajecito,
en el cuarto de espera, junto a ellos
se sienta y quiere ya aguardar su tiempo.

Puesta de sol (*Capri*)

Como unas deslumbrantes miradas, como un cálido
ruedo, lleno del día, la tierra te ceñía
hasta que al fin radiante, como la áurea Atenea
en las estribaciones del crepúsculo estuvo,
dispersa por el gran mar dilapidador.
Allí hubo espacio en los espacios que despacio
se vaciaban: encima de ti, y sobre las casas,
los árboles, los montes, un vacío se abría.

Y tu vida, de que se quitaron los pesos
leves. se elevó en tanto había espacio, sobre
todo eso hacia arriba, llenando los vacíos
del mundo, que se enfriaban. Hasta que en su subida
en lejanía casi impalpable chocó
suave, en la noche. Y tuvo unas estrellas,
realidad inmediata, enfrente, defendiéndose.

CAMINAR NOCTURNO

A nada es comparable. Pues ¿qué no está consigo
completamente solo, y qué expresar jamás?;
no lo nombramos: sólo podemos percibirlo
y entendemos, de modo que allí un brillo
y una mirada aquí quizá nos roza
como sí en eso se viviera aquello
que es nuestra vida. Aquél que se resiste
no obtiene mundo. Y al que demasiado
capta, lo eterno le pasa de largo.
Tal vez estamos en las grandes noches
como ya sin peligro, repartidos en leves
partes iguales a las estrellas. Cómo empujan.

CANCIÓN ORIENTAL DE AMANECER

¿No es igual esta cama que una costa,
una franja de costa, en que yacemos?
Nada es cierto sino tus altos pechos
que a mi sentir en vértigo superan.

Pues esta noche en que hubo tanto grito,
llamadas de animales desgarrándose,
¿no nos fue rara horriblemente? ¿Y cómo
lo que, llamado día, se alza fuera,
nos es más comprensible que ella, entonces?

Se tendría que estar uno en el otro
como en torno al estambre los pistilos:
así lo disconforme en todas partes
se amontona y contra nosotros se echa.

Pero mientras nos apretamos juntos
por no ver cómo en torno ya se cose,
puede de ti o de mí desenvainarse,
pues nuestras almas viven de traición.

Ya no niña

Todo eso estaba en ella y era el mundo,
con todo en ella, miedo y gracia; como
los árboles, creciendo y recto, todo
rostro y sin rostro, un Arca de la Alianza,
solemne, como puesta sobre un pueblo.

Y ella lo llevó encima; a la ligera,
lo volador y huyente, lo alejado,
lo inaudito, lo no aprendido aún,
corno la mujer que lleva
lleno el cántaro. Hasta que en pleno juego.
transmutados, preparando otra cosa,
el primer velo blanco cayó, suave,
resbalando sobre el abierto rostro

casi opaco, para jamás alzarse;
sin saber cómo, a todas sus preguntas
una vaga respuesta sólo dándole:
En ti, que fuiste niña, en ti.

Las mejores poesías
de los mejores poetas

1. Hafiz de Shiraz
2. Alfred de Musset
3. Quinto Horacio Flaco
4. William Shakespeare
5. Giosuè Carducci
6. Percy B. Shelley
7. Alphonse de Lamartine
8. William Wordsworth
9. Vicente W. Querol
10. Victor Hugo
11. Gabriela Mistral
12. Dante Alighieri
13. A. Gomes Leal
14. Fray Luis de León
15. Giacomo Leopardi
16. Gabriele D'Annunzio
17. Federico García Lorca
18. Antonio Machado
19. Jorge Manrique
20. Juan Ramón Jiménez
21. Paul Verlaine
22. Miguel Hernández
23. San Juan de la Cruz
24. Rainer Maria Rilke
25. Gustavo Adolfo Bécquer
26. Fernando Pessoa
27. Garcilaso de la Vega
28. Alfonsina Storni